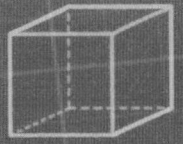

시니 소마라(Shini Somara) 글
1978년 영국 런던에서 태어났어요. 헨리에타 바넷 학교에서 공부했고 브루넬 대학에서 기계 공학을 공부했고 2003년 공학박사가 되었어요. 기계 엔지니어이면서 미디어 방송인, 프로듀서 및 작가인 그녀는 BBC 과학 프로그램을 진행하고 어린이책 작가로 활동하면서 모든 사람이 과학과 기술과 친해질 수 있도록 열정을 다하고 있어요.

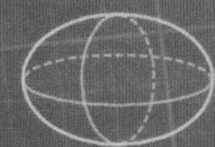

나자 사렐(Nadja Sarell) 그림
핀란드에서 태어났어요. 2004년 노스 웨일스 스쿨 오브 아트를 졸업했어요. 주로 핀란드와 해외의 아동 도서 출판사와 일해요. 어린이 그림책의 삽화를 그리는 일이 가장 신나는데 특히 개성이 넘치는 생생한 캐릭터를 만들어 내는 작업을 무척 즐거워해요.

박정화 옮김
단국대학교에서 영문학을 전공하고 동대학원에서 영문학 박사 학위를 받았어요. 현재 단국대와 백석대에서 강의를 하면서 어린이책 번역가로 활동하고 있어요.

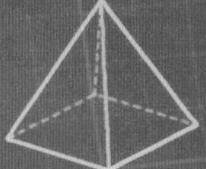

나는 수학자가 될 거야

시니 소마라 박사 글 · 나자 사렐 그림 · 박정화 옮김
처음 펴낸날 · 2022년 8월 10일
펴낸이 · 김금순
펴낸곳 · 디엔비스토리
출판등록 · 제2013-000080호
주소 · 서울 광진구 천호대로 709-9 음연빌딩 2층
전화 · (02)716-0767 팩스 · (02)716-0768
이메일 · ibananabook@naver.com
블로그 · www.bananabook.co.kr

A Mathematician Like Me

First published in Great Britain in 2022 by Wren & Rook
An imprint of Hachette Children's Group
Part of Hodder & Stoughton
Carmelite House, 50 Victoria Embankment, London EC4Y 0DZ
Copyright © Hodder & Stoughton Limited, 2022
All rights reserved.
Korean translation © Dnbstory Co. (Bananabook), 2022
This edition is published by arrangement with Hodder and Stoughton Limited through KidsMindAgency, Korea

이 책의 한국어판 저작권은 키즈마인드 에이전시를 통해 Hodder and Stoughton Limited와 독점 계약한 디엔비스토리(도서출판 바나나북)에 있습니다.
신저작권법에 의해 한국 내에서 보호를 받는 저작물이므로 무단 전재와 복제를 금합니다.
KC마크는 이 제품이 공통안전기준에 적합하였음을 의미합니다.

ISBN 979-11-88064-39-7 74840

• 바나나북은 크레용하우스의 임프린트이며 디엔비스토리의 아동·청소년 브랜드입니다.

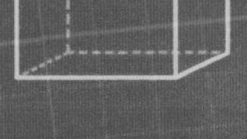

나는 수학자가 될 거야

시니 소마라 박사 글 나자 사렐 그림 박정화 옮김

바나나BOOK

맙소사! 알리야가 그만 늦잠을 자 버렸어요.
사촌인 로빈 언니와 캠핑을 가기로 했는데 말이죠.
알리야는 재빨리 옷을 갈아입고 바쁘게 준비했어요.

"안녕, 알리야. 준비 다 했니?"
로빈 언니가 물었어요.
"응! 우리 어디로 가는 거야?"
"비밀이야! 우선 쇼핑부터 하러 가자."
로빈 언니가 한쪽 눈을 찡긋하며 말했어요.

알리야는 살 것들을 살펴보며 말했어요.
"네 가지 물건을 사려면……
한 가게에서 두 개, 다른 가게에서 두 개를 더 사던지
아니면 한 가게에서 세 개, 다른 가게에서 하나를 더 사면 되겠다!"
로빈 언니가 고개를 끄덕였어요.
"맞아, 숫자는 항상 우리 주변에 있지!"

"우선 텐트 팩이 필요해. 오래되어서 휘었거든."
캠핑용품 가게로 들어서며 로빈 언니가 말했어요.

"로프를 단단히 고정시키려면 텐트 팩이 곧아야 해.
그래야 팩이 비스듬한 각도로 땅에 박히면서 고정되거든.
그렇지 않으면 팩이 빠져나와 텐트가 무너질 거야!"

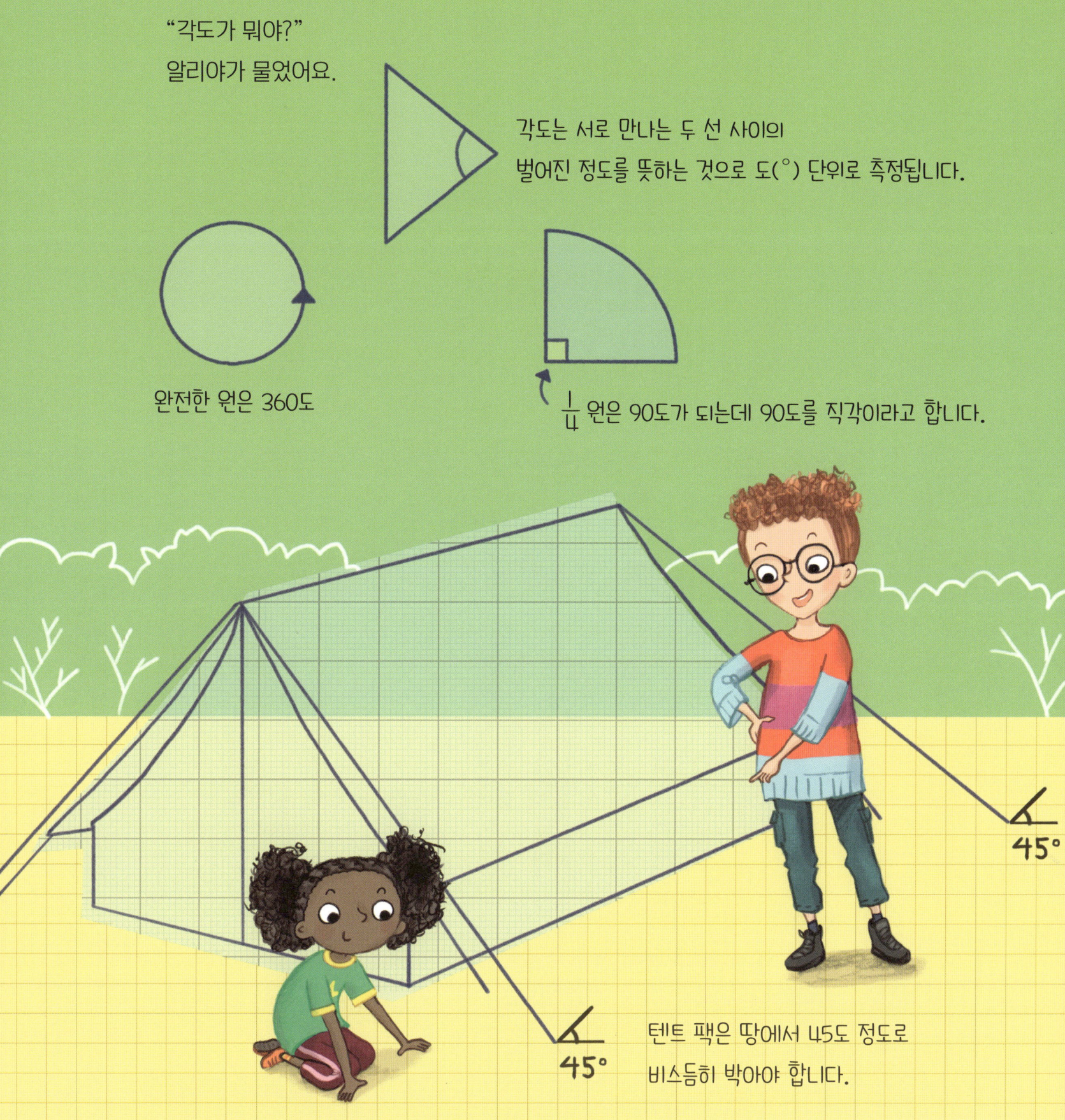

"여기서 로프도 살 수 있겠다!"
알리야가 목록을 보더니 말했어요.
알리야가 가장 가까운 곳의 로프를 집어 들었지만 로빈 언니는 고개를 저었어요.

"그 로프는 텐트 팩을 고정하기에는 너무 두꺼워. 우리는 폭이 4밀리미터인 로프가 필요해."

"밀리미터는 뭐야?"
알리야가 물었어요.
"밀리미터는 길이를 측정하는 단위야."

"10밀리미터는 1센티미터가 되고 100센티미터는 1미터가 되지. 그럼 1미터는 몇 밀리미터일까?"
로빈 언니가 물었어요.

알리야는 곰곰이 생각했어요.
"100의 10배는…… 1000밀리미터!"
"맞았어! 알리야도 이 언니처럼 계산을 잘하는구나!"
로빈 언니가 기뻐했어요.
"언니는 어떻게 계산을 잘해?"

"나는 천체 물리학자란다.
천체 물리학자는 우주의 법칙을 계산하는 일을 하기 때문이란다."
"멋지다!"
알리야가 감탄했어요.

슈퍼마켓으로 간 알리야와 로빈 언니는 과일을 골랐어요.
"캠핑에 어떤 과일을 가져가야 할까?"
로빈 언니가 알리야에게 물었어요.
"오렌지?"

"음, 맛있긴 한데 우리 배낭에 많이는 안 들어갈 것 같아!
오렌지의 3차원 모양을 뭐라고 하는지 아니?"
로빈 언니가 다시 물었어요.

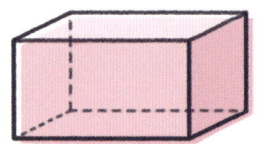 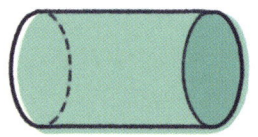 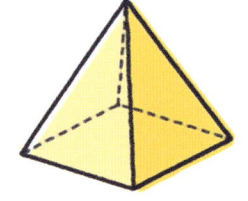

"직육면체는 아니고   원기둥도   삼각뿔도 아니고…….

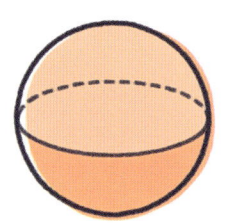 

아, 오렌지는 둥그런 모양의 구체야!"
알리야가 대답했어요.

알리야는 다른 과일들을 살펴봤어요.
사과, 멜론, 자몽 등 대부분의 과일은 구체예요.
하지만 이 과일들을 모두 가방에 넣기에는 너무 커요.
귤은 구체지만 크기가 작아서 배낭에 여러 개 들어갈 수 있어요!

"이제 하나만 더 사면 되겠다. 바로 마시멜로!"
로빈 언니가 말했어요.

알리야는 마시멜로를 발견하고 그 앞에 있는 안내판을 보았어요.
"이게 무슨 뜻이야?"
알리야가 궁금해했어요.

― 오늘의 특가 ―
마시멜로!
$\frac{1}{2}$ 할인

"$\frac{1}{2}$은 분수란다."
로빈 언니가 대답했어요.
"분수는 정수를 나눈 몫을 표시한 것이지.
파이를 생각하면 쉽게 이해할 수 있단다."

아래쪽 숫자는 한 개의 파이를 나눈 조각의 수를 나타내고 위쪽 숫자는 실제 조각의 수를 나타냅니다.

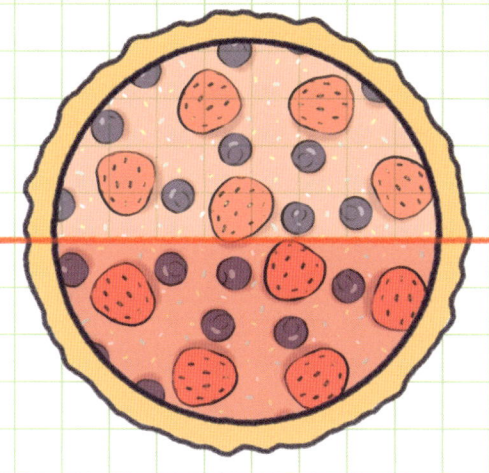  

따라서 $\frac{1}{2}$은 한 개의 파이를 두 개의 같은 조각으로 잘랐을 때, 자른 두 조각 중 하나를 말합니다.

"그러니까 파이 한 개의 절반?"
알리야가 되물었어요.
"맞아! 마시멜로가 반값이니까 1봉지 가격으로 2봉지를 살 수 있다는 뜻이지!"

계산을 마친 알리야와 로빈 언니는 기차역으로 걸어갔어요.
"기차역까지는 약 20분 걸려.
보통은 10분 정도 걸리지만 오늘은 무거운 가방을 멨으니까
시간이 조금 더 걸리겠지. 하지만 늦지 않을 거야."

"그러니까 원래 속도의 반으로 걸어도
제시간에 도착할 수 있다는 거지?"
알리야가 말했어요.
"맞아!"

"근데 우리 어디로 가는 거야?"
"곧 알게 될 거야."
알리야의 물음에 로빈 언니가 대답했어요.
"기차를 타고 12개 역을 가야 해.
각 역마다 5분씩 걸린다고 했을 때
이동 시간은 얼마나 될까?"

알리야가 얼굴을 찡그렸어요.
"언니, 휴대 전화에 있는 계산기를 사용해도 될까?"
"음, 계산기도 좋지만 직접
계산할 수 있다면 더욱 좋겠지!"

기차역에 도착할 때쯤
알리야는 계산을 끝냈어요.

"5 곱하기 10은 50이고, 2 곱하기 5는 10.
50 더하기 10은…… 60이니까 60분은 1시간이네!"

"그것 봐, 항상 계산기가 필요한 것은 아니지!
하지만 때로 정말 큰 숫자를 계산할 때는 계산기가 편리하긴 해."
로빈 언니가 말했어요.

블레즈 파스칼은 1642년에 '파스칼린'이라고 하는
최초의 기계식 계산기를 발명했습니다.
이 기계에는 금속 톱니바퀴가 들어 있어
서로 맞물려 돌아가며 덧셈과 뺄셈을 계산했습니다.

파스칼린은 처음엔 최대 5자리까지 계산할 수 있었습니다.
이후 파스칼은 6자리와 8자리까지 덧셈 뺄셈이 가능한
계산기를 만들었고 총 50종류의 시제품을 만들었답니다!

"저건 뭐야?"
알리야가 기차 안에 달린 화면을 가리켰어요.
"열차의 각 칸마다 승객이 얼마나 타고 있는지
보여 주는 도표야. 이 도표를 보면
어느 칸에 빈 좌석이 있는지 쉽게 알 수 있지!
플로렌스 나이팅게일에 대해 들어 본 적 있어?"
"많은 군인들에게 도움을 준 간호사라고 배웠어."
알리야가 대답했어요.

응, 하지만 그게 전부가 아니야.
나이팅게일은 간호사인 동시에
뛰어난 수학자였단다.
통계를 이용해 도표를 만들었어.

나이팅게일은 전쟁터에서 환자를 돌보며
병원이 얼마나 깨끗한지가
환자의 회복에 어떤 영향을 미치는지
조사해 숫자로 정리했습니다.

나이팅게일은 병원 환경이 환자에게
미치는 영향을 한눈에 보여 주기 위해
'장미 도표(Rose diagram, coxcomb)'라는
그래프를 만들었습니다.
나이팅게일이 한 일들로 많은
사람들의 생명을 구할 수 있었답니다.

알리야와 로빈 언니는 작은 역에서 내렸어요. 옆으로 큰 숲이 보였어요.
나무가 우거진 숲속으로 걸어가는 동안 알리야는 입이 딱 벌어질 정도로 놀랐어요.
"숲이 너무 멋져!"
"수학도 자연 속에 있단다. 숫자는 세상의 아름다움을 이해하는 데 도움이 되지!"
로빈 언니가 웃으며 말했어요.

피보나치는 이탈리아의 수학자로 숫자 공부를 좋아했습니다.
피보나치는 토끼가 번식하는 속도를 관찰하고
자연의 숫자 패턴을 발견했습니다.

피보나치 수열은 0과 1로 시작하고
이전 두 수를 더하여 다음 수를 만듭니다.
0, 1, 1, 2, 3, 5, 8, 13, 21, 34, 55, 89······.

과학자들은 이 수열이
솔방울과 조개껍질의 나선과 같이
자연의 다양한 형태에서 발견된다는 사실을 알아냈습니다.
그래서 이 규칙을 피보나치 수열이라고 합니다.

한참을 걷다가 갑자기 로빈 언니가 걸음을 멈췄어요.
"짜잔! 다 왔다! 어때?"
알리야는 고개를 들어 위를 올려다보았어요.
알리야는 이렇게 키 큰 나무를 본 적이 없었어요!
"이 나무는 미송이라고 부르는 소나무야.
세계에서 가장 키가 크게 자라는 나무들 중 하나지.
이 나무는 60미터 이상까지 자란단다!"

미송

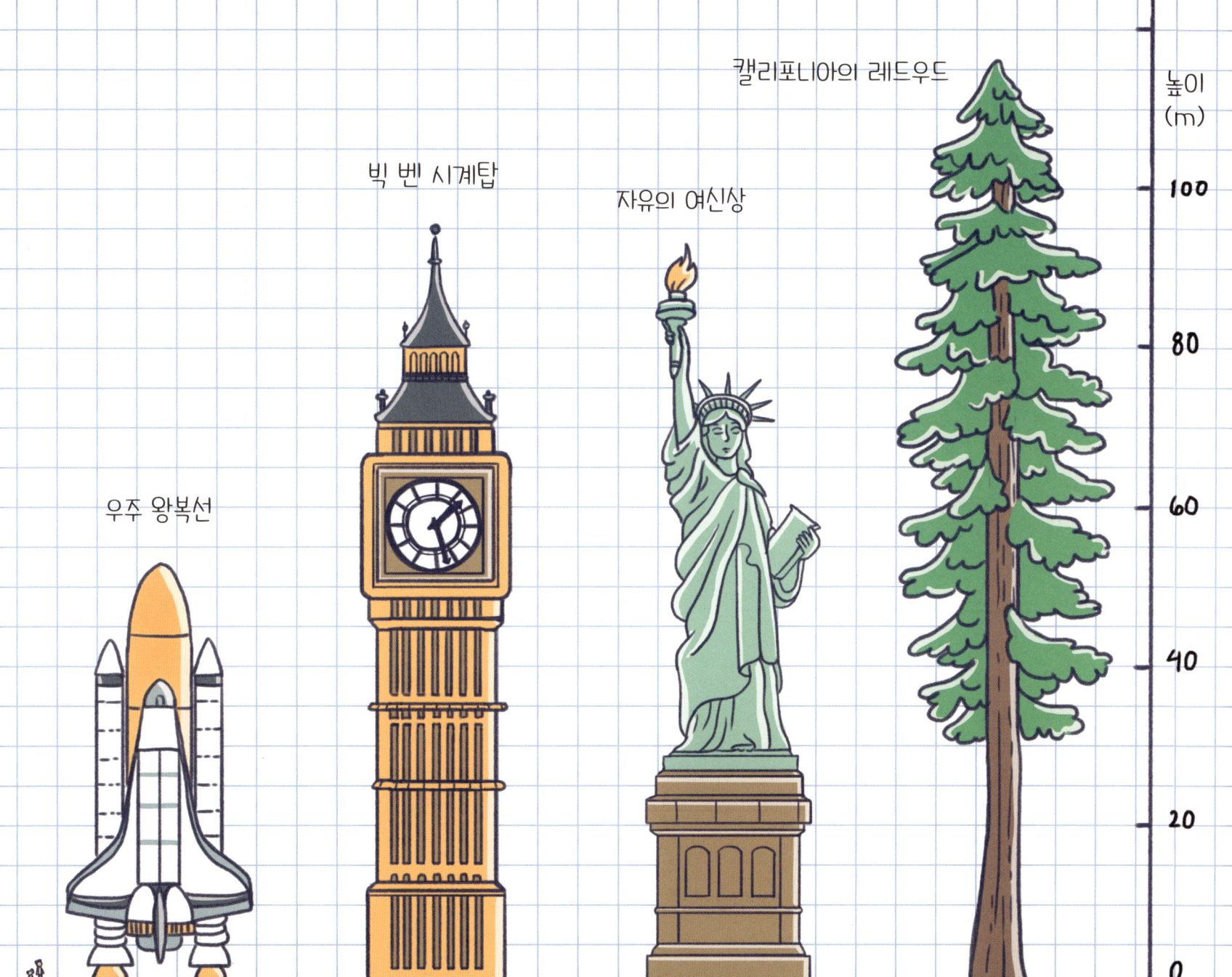

"빅 벤보다 더 커? 자유의 여신상보다는?"
알리야가 물었어요.
"그렇지는 않을 거야."
로빈 언니가 이어 대답했어요.
"빅 벤과 자유의 여신상은 높이가 100미터에 가까워. 그 정도로 키가 큰 나무는 많지 않지만 레드우드는 그보다 훨씬 더 커. 지금까지 알려진 것 중 가장 키 큰 레드우드는 115미터가 넘는단다!"

알리야와 로빈 언니는 텐트를 설치하기 시작했어요.
"거기 로프 좀 줄래?"
로빈 언니가 말했어요.
알리야가 로프를 언니 가까이 던지려고 했지만 멀리 가지 않았어요.

우주선이 어디로 어떻게 이동할지 예측해야 하기 때문에 궤도는 우주 비행에서 특히 중요합니다. 수학자 캐서린 존슨은 나사에서 일하면서 궤도를 계산하는 데 많은 업적을 남겼습니다.

"어떤 것들은 궤도가 짧단다.
궤도는 물체가 공기를 통과하는 길을 말하는데
이것도 수학의 한 부분이라고 할 수 있지."
로빈 언니가 설명했어요.

캐서린은 미국 최초의 사람을 태운
인공위성 발사 계획과 인류 최초로 달에 착륙했던
아폴로 11호 탐사에서 궤도 계산을 담당했습니다!

어두운 밤이 되었어요.
"저 별들 좀 봐!"
알리야는 마시멜로를 구우며 감탄했어요.
이렇게 많은 별들을 본 적이 없었거든요.
"별들에게도 수학이 있단다. 별들 사이의 거리를 계산하거나
그 별들이 어떤 물질로 이루어져 있는지 연구하지."

캐롤라인 허셜은 세계 최초의
여성 천문학자였습니다.
캐롤라인의 오빠 윌리엄 허셜은
영국 왕 조지 3세의
궁정 천문학자로 천왕성을 발견했습니다.

캐롤라인은 오빠를 도와 별들의 궤도와 거리를 계산했습니다.
왕은 곧 캐롤라인을 윌리엄의 조수로
채용하고 급료를 지불했습니다.
1786년 캐롤라인은 혜성을 발견한 최초의 여성이 되었고
이후 일생 동안 7개의 혜성을 더 발견했습니다.

"와, 수학은 정말 어디에나 있네. 심지어 우주에도!"
알리야가 말했어요.
"언니, 궁금한 게 하나 더 있는데."

"어떻게 하면 나도 언니처럼 수학자가 될 수 있을까?"

수학자들은 항상 숫자를 통해서 세계를 이해하고 더 좋게 바꾸려고 노력합니다. 수없이 질문을 던지면서 규칙을 찾고 자신의 생각을 시험하며 답을 찾습니다. 여러분도 매일 수학적으로 생각하면 스스로 답을 찾을 수 있습니다!

두 개의 오렌지를 어떻게 세 명에게 나누어 줄 수 있을까요?

여러분의 다음 생일까지는 며칠이 남아 있을까요?

학교 운동장을 가로질러 가는 데는
몇 걸음을 걸어야 할까요?

집에서 학교까지 걸어가려면
얼마나 걸릴까요?

장난감을 크기나 모양별로
분류할 수 있을까요?

수학자들이 찾은 원리와 법칙은
우리가 크고 작은 종류의 문제를 해결하는 열쇠가 됩니다.
숫자를 잘 다룬다면 큰 도움이 되겠죠?

어떻게 하면 숫자를 잘 다룰 수 있을까요?

우리는 매일 계산을 합니다.
숫자를 사용해서 물건과 돈을 세고, 시간을 계산하고, 서로 다른 다양한 모양을 측정합니다.
수학도 재미있게 할 수 있습니다.
친구들과 함께 다음 게임을 해 보고 답을 찾아보세요!

분필로 바닥에 큰 원을 그리고 4등분합니다.
각 조각에 이렇게 쓰세요.
'두 배로 곱하기' '반으로 나누기' '5 더하기' '3 빼기'.

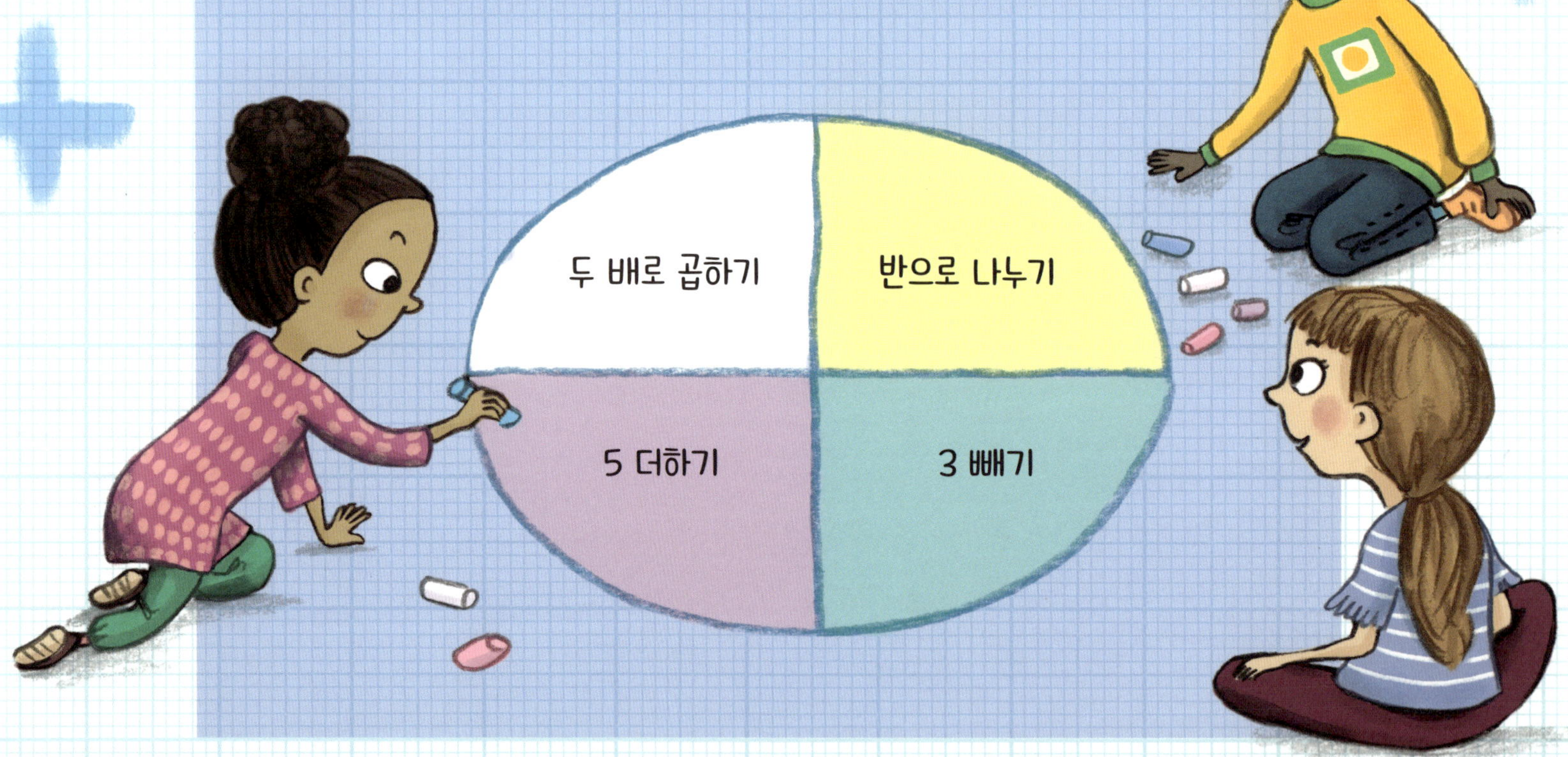

종이에 각각 1부터 10까지 숫자를 적습니다.
숫자가 보이지 않도록 접어서
그릇에 넣어 주세요.

이제 차례대로 숫자가 적혀 있는 종이를 하나씩 뽑습니다.

그리고 바닥에 그린 원 위로 던질 수 있는
말랑말랑한 장난감을 하나 고르세요.
장난감을 던져서 나온 지시에 따라
종이에 적힌 숫자를 계산해 대답하는 게임입니다.

**답이 틀릴 수도 있지만 괜찮습니다!
우리는 언제나 실수를 통해 배울 수 있으니까요!**

이 책을 엄마, 아빠, 소라야 그리고 특히 이 책을 쓸 수 있도록 영감을 준 수학에 타고난 재능을 가진 샬린에게 바칩니다. 여러분의 지원과 사랑에 감사드리며

— 시니 소마라

변함없는 지지와 격려 그리고 믿음을 주신 엄마와 아빠께 감사드립니다.
일상 생활 속에서 수학자처럼 생각하는 법을 가르쳐 주신 아빠께

— 나자 사렐